Excelerate SPANISH 2
Answer Keys

Table of Contents

Lección uno
Los animales en el zoológico

ACTIVIDAD UNO

You should see student drawings of:
(top row, left to right) "you never know," "we have seen," birds, "we went"
(bottom row, left to right) "we're going to see it/him," "for a long time," "without seeing anything," "he/she pulls"

ACTIVIDAD DOS

1. I go, my
2. I hope
3. I walk, my
4. I see, I don't see
5. I see
6. I say
7. I wait
8. I hear
9. I say
10. I say
11. I see
12. I look/see
13. I see
14. I grab, my

ACTIVIDAD TRES

1. zoológico
2. animales
3. nada
4. ve
5. dónde
6. horas
7. dicen OR gritan OR lloran
8. dice
9. durmiendo
10. president
11. todo, hemos visto
12. jirafa
13. está
14. lo, lo, lo
15. sabes

ACTIVIDAD CUATRO

1. Supongo que nunca sabes.
2. La jirafa está durmiendo.
3. Supongo que los pájaros están durmiendo.
4. Hemos visto sin ver nada.
5. Supongo que vamos a verlo.
6. El pájaro jala (a) la jirafa.

ACTIVIDAD CINCO

La jirafa
Tranquila, hambrienta
Ve, jala, come
Espera que haya más sombreros
La jirafa

ACTIVIDAD SEIS

1. Iliana y su familia iban al zoológico.
2. Toda la familia estaba emocionada.
3. Iliana había olvidado su cámara.
4. Volvió a casa para buscarla.
5. Su esposo olvidó sus binoculares.
6. Volvió a la casa otra vez. OR: Otra vez volvió a la casa.
7. Los niños comenzaron a quejarse.
8. Su esposo le miró con sorpresa.

ACTIVIDAD SIETE

Drawing might include surprised or amused expressions.

ACTIVIDAD OCHO

"Pues, lo sentimos de verdad, pero no creo que pueda ser su trabajo pintarse las uñas en vez de vendernos nuestras entradas, y además esto no explica por qué no está dispuesta a vendérnoslos ahora."

ACTIVIDAD NUEVE

1. hay
2. hopes
3. por, por mucho tiempo
4. por, to tell how long (how much time)
5. The personal a. The direct object is "niños," or "children."
6. no, ningún
7. We haven't seen a single animal! (or similar)
8. the personal a. "A" is being combined with the definite article "el" (or "the").
9. as part of a contraction. Other acceptable answers: as the personal a, to precede a direct object who is a person
10. He/she sees the president of the zoo.
11. sombrero, or hat
12. it would be feminine ("la")

ACTIVIDAD DIEZ

1. van
2. emocionado, emocionados
3. cámara
4. sus, "binoculares" is plural
5. heard
6. "Querido, tú trajiste tu billetera, ¿verdad?"
   to bring
   boy
7. they border each other, Honduras is to the east of Guatemala, both in Central America, etc.
8. preterite/past, noun

Lección dos
Un robo

ACTIVIDAD UNO: Mini-book (no answer key)

ACTIVIDAD DOS

1. ☺
2. ☹
3. ☹
4. ☹

5. ☹
6. ☹
7. ☹
8. ☹

ACTIVIDAD TRES

1. a. I wrote
   b. I put on
   c. to cover (myself)
   d. I gave (him)
   e. me
   f. me
   g. I felt
   h. I took
   i. He told me

2. Because it is unlikely I would call myself a clown, etc.

ACTIVIDAD CUATRO

1. The clown laughed right away.
2. The clown covered his face with that bag.
3. The employee returned the clown.
4. A thousand clowns read the message and laughed.
5. A thousand employees paid attention to me and laughed.
6. A thousand clowns destroyed the thief's business.
7. The thieves made a thousand deposits in the message.
8. The clown screamed and destroyed the bag.

ACTIVIDAD CINCO

cara
mensaje
respuesta
policía
frustrado
payaso

Translation:

You put on a bandana to cover your face. Then you went into the building that you thought was the bank and gave a message to the employee. The employee took your paper, looked at it, and wrote you a response. He wrote, "I'm going to call the police." When he returned your message to you, you felt frustrated. You took the paper and wrote: "Put ten thousand dollars in that bag and come back immediately." The employee took your ridiculous message and laughed. You are an absolute clown. Now confess.

ACTIVIDAD SEIS

ACROSS
1. thousand – mil
6. face – cara
7. tomorrow – mañana
8. bag – bolsa
11. business– negocio
13. gave– dui
14. secret– secreto
15. fulfill– realizar

DOWN
1. message– mensaje
2. make– hacer
3. clown– payaso
4. thief– ladrón
5. working– trabajando
9. am– soy
10. voice–voz
12. our– nuestro
13. said

ACTIVIDAD SIETE

Vicente estaba aburrido. Tenía que llamar a varios negocios por teléfono como parte de su trabajo hoy, pero no quería hacerlo. No le gustaba hablar por teléfono todo el día. No era interesante; no podía levantarse de su escritorio para hacer nada, y quería un cambio de rutina. Hizo una llamada de la lista larguísima3 que tenía, colgó, y suspiró con aburrimiento. (cont'd).

OR

Miró el reloj. Sólo eran las diez y media de la mañana. Tenía que esperar por dos horas y media antes de poder salir para el almuerzo. Le parecía6 un término interminable. ¿Cómo iba a pasar tanto tiempo sin volverse loco? ¡Cuánto le gustaría salir y correr como loco por la calle!

OR

De repente, alguien abrió la puerta y entró en el edificio. Qué raro, pensó Vicente, porque nadie quería visitar la agencia a propósito. Especialmente el martes a las diez y media de la mañana. Vicente miró al hombre que había entrado con sorpresa.

ACTIVIDAD OCHO

1. go, went
2. fue/ir
3. trató/tartar
4. de
5. le
6. le, pronoun
7. past/preterite, put
8. give, present
9. grita
10. el empleado
11. say/tell, dice
12. vuelva, come back/return
13. podré, estaré, será
14. tome, tengo, gritó, volver, trabajando

ACTIVIDAD NUEVE

1. the thief (el ladrón)
2. la cara/the face, la, the thief's
3. el empleado
4. empleado, papel, respuesta; el, la; paper/papel; la
5. llamaré, escribió
6. yo/I, I will call (I'm going to call)
7. ponga, vuelva; en seguida; aquella; diez mil (ten thousand)
8. podrá, vio, dijo
9. is, está, es

Lección tres
Calzoncillos extras

ACTIVIDAD UNO

You should see student drawings of:
(top row, left to right) put on the shirts; pairs of socks; the trunk; dropped it
(bottom row, left to right) was making/(taking); picked up; broken; inserted

ACTIVIDAD DOS

1. I went
2. identical
3. I parked, my
4. I took out, my
5. let drop/dropped
6. it's talking about the suitcase/maleta
7. I picked up, put in
8. I closed
9. it's about the suitcase
10. it's about the lock
11. I sighed
12. I took out, (I) put it on
13. I dressed myself/got dressed
14. I put, my
15. I threw away, went into/entered

ACTIVIDAD TRES

1. Victor was making broken underwear.
2. The thief parked the suitcase.
3. He put on the pockets, too.
4. He threw (away) the socks into the lock.
5. The shirts threw (away) the car.
6. The underwear went to the bank.

ACTIVIDAD CUATRO

Victor should look ridiculous, as he is wearing his entire vacation wardrobe.

ACTIVIDAD CINCO

Word find (no key)

ACTIVIDAD SEIS

conducían
buscaban
tenían
habían
encontraron OR vieron
aparcaron
se quitaron
vieron OR encontraron
fueron
metieron
se sentaron

ACTIVIDAD SIETE

Mientras Pedro miraba, el hombre estacionó el coche y se bajó. Se quitó su bandana y la llevó a la basura para botarla. Cuando volvió a su coche, trató de abrir el maletero varias veces, pero aparentemente no pudo. El hombre estaba tan nervioso que dejó caer las llaves varias veces también. Pedró pensó detenerlo y arrestarlo, pero el criminal que había estado buscando salió del aeropuerto y comenzó a caminar por la cubierta de aparcamiento. Pedro decidió seguir a Neal primero. Atrapó a Neal y lo llevó a la cárcel, luego regresó al aeropuerto.

ACTIVIDAD OCHO

1. make
2. go
3. singular
4. su
5. maleta, maletero
6. ropa, maleta, ropa, metió
7. direct object pronoun, verb
8. maleta/suitcase
9. de nuevo
10. cierre/lock
11. Victor
12. two, ropa, ropa, the, them

ACTIVIDAD NUEVE

1. conducía, hacía, buscaba, podía, tenía, estaba, había; ía; aba; aba; ía
2. podía
3. (he) had robbed/stolen
4. parking space, scene/picture/setting, Whew!
5. encontró, aparcó, se bajó, se quitó, metió, abrió, dejó, recogió, trató, abrió
   Translations: (He) found, (he) parked, he got out, (he) took off, (he) inserted/put in, (he) opened, (he) dropped/let (fall), (he) picked up, (he) tried, (he) opened.
6. vio; there is no written accent mark; ver = to see; fue; ir = to go
7. llevaba, he wore/was wearing; se cubría, covered/was covering
8. por, to tell the length of time, por, long

Lección cuatro
En el cine con un amigo

ACTIVIDAD UNO

Labels should be placed on corresponding items (or pictures) at home. Items are as follows:
(First row, left to right) a cell phone, a bag, a soft drink, some socks
(Second row, left to right) a movie, some popcorn, a suitcase, some underwear

ACTIVIDAD DOS

1. película
2. cine
3. entradas
4. refresco
5. celular
6. película

ACTIVIDAD TRES

1. Martín y yo, llamamos
2. invitamos
3. Martín y yo, tomamos
4. llegamos
5. compramos
6. encontramos
7. caminamos
8. nos sentamos
9. entramos

ACTIVIDAD CUATRO

1. llamas a tu amigo
2. quieres ver una película
3. tomas un taxi al cine
4. entras en el edificio
5. encuentras el teatro correcto
6. la película comienza
7. sacas tu celular

ACTIVIDAD CINCO

Martín:

quería ver una película
llamó a Yolanda
le invitó a ir al cine   Yolanda:
tomó un taxi al centro   recibió una llamada telefónica
llegó al cine y compró una entrada   aceptó la invitación de Martín
entró en el edificio   llegaba separadamente
se compró un refresco y unas palomitas

ACTIVIDAD SEIS

1. ☹   5. ☺
2. ☺   6. ☹
3. ☹   7. ☹
4. ☹   8. ☺

ACTIVIDAD SIETE

Drawings will vary.

ACTIVIDAD OCHO

Martín llegó, compró su boleta, entró en el cine, y buscó a Yolanda. No estaba sorprendido cuando no la vio, porque sabía que era probable que llegara tarde. Olía el aroma de las palomitas de maíz y fue al mostrador para comprarse una bolsa gigante para gozar durante la película. Luego le mostró su boleta al empleado que le dirigió al teatro donde se presentaba El Retorno de los Ombligos.

ACTIVIDAD NUEVE

1. It establishes the scene and characters; imperfect
2. quería; wanted to see/was wanting to see
3. They initiate a sequence of actions; preterite
4. Yolanda
5. separadamente, llegaba
6. preterite, imperfect; one is part of Martin's action sequence, while the other describes Yolanda's involvement (is descriptive).
7. masculine

8. past, had started
9. about (approximately) twenty rows
10. to
11. celular/cell phone
12. Yolanda, verbs, infinitives

ACTIVIDAD DIEZ

1. por, for
2. It sets the stage.
3. had appeared
4. su, his
5. celular
6. Martín, aficionados/moviegoers, infinitive
7. They relate a sequence of events/series of actions.
8. No se puede mandar un mensaje de texto.
9. servían, salieron, miraron; servían; salieron, miraron
10. Martín
11. the personal a; it is not translated at all into English.
12. el nombre de Martín, no, de
13. a pronoun
14. de repente, suddenly

Lección cinco
Demasiados paquetes

ACTIVIDAD UNO

You should see student drawings of:
(top row, left to right) too much; was carrying; how could he/she?; at the same time
(bottom row, left to right) leave, someone, to rain, help

ACTIVIDAD DOS

1. I
2. P
3. P
4. P

5. P
6. I
7. P
8. I

ACTIVIDAD TRES

1. ☺
2. ☹
3. ☹
4. ☺

5. ☺
6. ☹
7. ☺
8. ☹

ACTIVIDAD CUATRO

1. d
2. a
3. e

4. b
5. f
6. c

ACTIVIDAD CINCO

Drawings will vary.

ACTIVIDAD SEIS

1. Tere
2. Tere
3. Tere

4. Tere
5. Tere
6. el señor Gutiérrez
7. el señor Gutiérrez
8. el señor Gutiérrez
9. el señor Gutiérrez
10. el señor Gutiérrez
11. Tere
12. Tere
13. Tere

ACTIVIDAD SIETE

esperaba
podría
comencé
me
mi
tenía
mi
mi
sabía
necesitaba
dije

ACTIVIDAD OCHO

El Señor Joel Santiago Gutiérrez observó a Tere cuando ella entró en la oficina de correos. Vio que tenía dificultades en manejar su paquete. El Señor Gutiérrez pensó por un largo rato. Acababa de volver al país después de un viaje a la África. Recordó que había visto a muchas mujeres que llevaban sus cosas en la cabeza. El Señor Gutiérrez se le acercó y exclamó, "¡Ajá!," agarró la caja, y la puso en la cabeza de Tere.

ACTIVIDAD NUEVE

1. preterite/past, went
2. have, i
3. was
4. montón, paquetes/packages
5. paquetes, masculine, plural, demasiada, demasiadas
6. podría, abrir, open, door
7. llevar
8. pensó, thought, wait, someone, saliera

9. por, for, long/many minutes
10. see, saw
11. señor
12. I need help!, accent

ACTIVIDAD DIEZ

1. paquete/package
2. preterite, accent, irregular
3. ya, sé, yo, know, -o
4. anymore

Lección seis
La corrida de toros

ACTIVIDAD UNO: Mini-book (no answer key)

ACTIVIDAD DOS

1. The bull passed/waved the cloak for the umpteenth time.
2. The cloak moaned when it saw the bullring.
3. The bull was obsessed with his cell phone.
4. The poster booed and cried out.
5. The bulls got/were excited in silence.
6. The bullfighter's car clapped loudly.
7. The cloak ran toward the fans.
8. The bullfighter threw fruits and vegetables at the bull.

ACTIVIDAD TRES

1. Eduardo Montenegro
2. Eduardo Montenegro
3. Eduardo Montenegro
4. Javier Cardozo
5. el presidente del festejo
6. Eduardo, Javier

ACTIVIDAD CUATRO

El presidente del banco de la capital visitó la ciudad de Pamplona y decidió que quería ____experimentar____ un ____espectáculo____ en la plaza de toros. No sabía cuánto tiempo *(how long)* estaría allí, pero esperaba que no sería muy tarde por la noche ____cuando saliera____. ____Desafortunadamente____, tendría que levantarse temprano por la mañana para trabajar y viajar.

El presidente encontró su asiento y esperó por varios minutos. Había muchos aficionados en la plaza de toros, y el presidente se emocionaba mucho. El ____espectáculo____ comenzaba pronto. De repente, ____un hombre desconocido____ se le acercó y se sentó a su lado. El señor tenía una bolsa de frutas y legumbres. El presidente se preguntó por qué, pero no dijo nada. Pensó que tal vez la comida sería útil si el ____hombre desconocido____ decidiera hacer una ensalada *(a salad)* durante el____espectáculo____.

ACTIVIDAD CINCO

por
pasó
clamó
estaba
saliera
distrajo
era torero (without space)
emocionaba

ACTIVIDAD SEIS

Desafortunadamente, el presidente del festejo vio a Javier Cardozo y a Eduardo. Estaba disgustado por el espectáculo y el fracaso del torero, y pensó que tal vez los dos hombres quisieran experimentar un tipo nuevo de encierro, como el encierro de Sanfermines, pero al reverso. El presidente sonrió con una pícara expresión, se encogió de hombros y dejó salir a varios toros.

ACTIVIDAD SIETE

1. two, pensó, era, third
2. It is used with "decidió." Cardozo
3. la casa de Cardozo; no; de; el cartel de Eduardo; el capote del torero; el nombre de Cardozo
4. neither, nor
5. for, for, by/over
6. the preterite; it was an action sequence OR there were a lot of things happening, etc.

ACTIVIDAD OCHO

1. de la plaza; del espectáculo
2. left, no, saliera
3. two; no, nadie; it would be grammatically incorrect (or double negatives are taboo, etc).
4. plural; preterite; gritaron, saltaron, corrieron (Note: these verbs may be written in any order).

Lección siete
La observación de aves

ACTIVIDAD UNO

1. a
2. c
3. b

4. a
5. c
6. a

ACTIVIDAD DOS

1. lista
2. hierba

3. hoy

ACTIVIDAD TRES

1. C
2. C
3. C
4. A

5. A
6. A
7. C

ACTIVIDAD CUATRO

El pájaro
Lindo, majestuoso
Cantando, bailando, volando
Me gusta mucho mirarlo
El pájaro

ACTIVIDAD CINCO

1. d
2. h
3. b
4. f

5. j
6. i
7. a
8. c

9. g
10. e

ACTIVIDAD SEIS

1. quería
2. ver
3. muchos

4. pájaros
5. hasta
6. el

7. momento
8. que
9. uno

10. hizo   12. en
11. pupú   13. mí

Puzzle solution: Qué asco

ACTIVIDAD SIETE

Yo era un observador de aves y el miembro de un club exclusivo de observadores de aves. _____Fui_____ a Navarra, España, a la ciudad de Pamplona. Tenía una guía de aves, unos binoculares, y una cámara. Quería encontrar el bigotudo, un pequeño pájaro que necesitaba para ___mi___ lista. Buscaba y buscaba. ¡ _____Busqué_____ por dos semanas! Por fin, _____vi_____ el pájaro. Estaba sentado en el letrero de la Calle Estafeta. ¡Qué emoción! Yo ___me___ _____sonreí_____. _____Levanté_____ ___mi___ cámara para sacar una foto.

De repente, un toro dobló la esquina y corrió hacia mí. Yo _____grité_____, _____salté_____, y _____dejé_____ caer la cámara. ___Me___ _____tiré_____ en un bote de basura. Todo olía mal. Yo ___tosí___ y ___tosí___. El toro ___me___ pasó y siguió corriendo por la calle. Yo ___me___ _____bajé_____ del bote de basura. _____Busqué_____ otra vez el ave, pero no lo _____vi_____. _____Pegué_____ el letrero, pero ___me___ _____lastimé_____ la mano y _____grité_____, "¡Ay, ay, ay!" _____Lloré_____ por cinco días, once horas, cincuenta y tres minutos, y veintisiete segundos.

ACTIVIDAD OCHO

Así como esperaba, era el bigotudo. Levantó su cámara al ojo para sacar la foto. ¡Qué momento tan incredible, qué emoción! Ponía el dedo en el botón de la cámara y ajustaba la vista para capturar el bigotudo más perfectamente en la foto, cuando al último instante, un toro dobló la esquina y corrió hacia él. El toro resopló y lo miró con ojos asesinos.

ACTIVIDAD NUEVE

1. a
2. "binoculares" is plural, and "guía" is singular. (noun-adjective agreement)
3. de los pájaros, en el libro
4. pájaros, infinitive
5. por
6. volando
7. It's a definite article.
8. no, tampoco

ACTIVIDAD DIEZ

1. era
2. exclusive
3. de aves, de un club, de observadores, de aves
4. he was, he went, ir. It names a place he visited.
5. una, unos, una. The corresponding nouns are varied in gender and number (two are singular, one is plural. Two are feminine, and one is masculine), etc.
6. para, list
7. imperfect, preterite
8. to OR "in order to"
9. olía, the imperfect; it describes the setting
10. por, to tell how long

Lección ocho
La carnicería

ACTIVIDAD UNO

You should see student drawings of:
(top row, left to right) chicken, pork, (car) hood, keys
(bottom row, left to right) neighbor, to cook, to return (an item), carried off/away

ACTIVIDAD DOS

1. M
2. D
3. D

4. M
5. M
6. M

ACTIVIDAD TRES

1. ☺
2. ☺
3. ☺
4. ☹
5. ☹

6. ☹
7. ☹
8. ☺
9. ☹
10. ☹

ACTIVIDAD CUATRO

1. fue de compras
2. salió de la tienda donde estaba
3. se preparó para hacer la comida
4. miró la carne
5. decidió devolverlo

6. fue al carro
7. regresó adentro para buscar la llave
8. el perro vino al carro
9. regresó al carro
10. se puso furioso

ACTIVIDAD CINCO

1. a
2. b
3. a
4. b
5. a

ACTIVIDAD SEIS

Sample solutions (answers may vary):   David fue a la carnicería.
Metió sus calcetines en la carne que compró.
César saltó a la mesa.

ACTIVIDAD SIETE

Más tarde, César entró y vio sus calcetines. Se los puso y se sentó en un sillón cómodo en la sala. Descansaba contentamente cuando, de repente, vinieron los perros y lo atacaron. Atacaron sus pies y le quitaron los calcetines. Se le rompieron los calcetines, se los llevaron, y los escondieron en el jardín. Mientras tanto, el pobre César saltó a la mesa y temblaba, aterrorizado.

ACTIVIDAD OCHO

1. to OR "in order to"
2. ir
3. himself
4. to
5. José
6. they had sold him; it's a helping verb.
7. el puerco/the pork
8. a
9. cerrada
10. for
11. en el capó, del carro, a casa, para las llaves
12. preterite/past, come

ACTIVIDAD NUEVE

1. carne
2. It is a definite article.
3. It is a diret object pronoun; calcetines/socks
4. seco, puso, encontraría; encontraría
5. It is a definite article; calcetines
6. entró, entraron
7. (se) fueron

Lección nueve
Una lección de piano

ACTIVIDAD UNO

1. Llegaste al estudio de música.
2. Escogiste tus libros de piano.
3. Entraste en el estudio.
4. Caminaste al banco del piano.
5. Practicaste por una semana.
6. Tocaste la pieza por primera vez.
7. Decidiste irte.

ACTIVIDAD DOS

1. arrived, started/began
2. brought, chose/selected
3. entered, looked for
4. sat, walked
5. practiced, played
6. played, practiced
7. decided, went

ACTIVIDAD TRES

1. e
2. b
3. i
4. g
5. j
6. a
7. f
8. d
9. h
10. c

ACTIVIDAD CUATRO

1. I
2. P (but I is okay)
3. I
4. P
5. P
6. P

ACTIVIDAD CINCO

1. The chicken arrives at the music studio for a piano lesson.
2. The pig eats for more than an hour.
3. The dog writes a note that says, "I am sick. I need pork."
4. The music teacher plays many pieces rather well or perfectly.
5. The dog throws the pork and laughs for more than 12 hours.
6. You sit on the piano bench when your lesson starts.

ACTIVIDAD SEIS

1. ¿<u>Entraste</u> en el estudio también?
2. ¿<u>Te sentaste</u> en el banco también?
3. ¿<u>Comenzaste</u> a tocar también?
4. ¿<u>Tocaste</u> bastante bien también?
5. ¿<u>Miraste</u> hacia la puerta también?
6. ¿<u>Decidiste</u> ir<u>te</u> también?
7. ¿<u>Te levantaste</u>?
8. ¿<u>Recogiste</u> los libros de piano?
9. ¿<u>Encontraste</u> una nota?
10. ¿<u>Tiraste</u> la nota y <u>lloraste</u>?

ACTIVIDAD SIETE

5
1
6
4
3
2

ACTIVIDAD OCHO

Across

4. bastante
5. irse
8. leyó
9. cansado
10. tocó
11. próximo
12. trajo

Down

1. segundo
2. estudio
3. decidió
6. pieza
7. recogió
10. tercero

ACTIVIDAD NUEVE

Cuando Manolo Carrasco tenía 19 años, decidió ir a Londres. Dirigió la Real Orquesta Filarmónica de Londres. Después de la última pieza, todo el mundo aplaudía, hasta que por fin le dieron una gran ovación. Manolo hizo reverencias varias veces. Y sonrió. Su trabajo tan persistente valía la pena.

ACTIVIDAD DIEZ

1. accent marks; trajo, vio, puso
2. había practicado, had practiced
3. pieza/piece
4. había llegado, had arrived
5. había puesto, had put
6. estoy, hay; I am, there is

ACTIVIDAD ONCE

1. fue, ir
2. de unos amigos, a su casa, para tomar la cena
3. mucha, singular, singular, feminine
4. es, ésta, placement of the accent mark
5. claro que sí, claro que no
6. pudiste, you could/you were able
7. plural, comieron, hablaron, se gozaron
8. that he play the piano; no, subjunctive, tocara
9. dentro de pocos segundos, dentro de una hora, dentro de
10. estaban, se escapó

Lección diez
Garfield, el panecillo, y la panadería

ACTIVIDAD UNO

The student should have placed the corresponding labels on these household items or pictures:

cosas que oler- things to smell
cosas que oír- things to hear
cosas que ver- things to see
un panecillo- a roll

los labios- lips
una puerta- a door
una fuente- a fountain or source
una tienda- a store

ACTIVIDAD DOS

1. ☺
2. ☺
3. ☺
4. ☹
5. ☺

6. ☺
7. ☺
8. ☹
9. ☹
10. ☹

ACTIVIDAD TRES

1. Entró furtivamente.
2. Garfield olfateó el aire.
3. Se lamió los labios con anticipación.
4. Agarró un panecillo dulce.
5. Había mucho que oler también.
6. Alguien lo arrojó de la tienda.
7. El aroma le gustó mucho. OR Le gustó mucho el aroma.
8. Caminó hacia la puerta y esperó hasta que alguien la abrió.
9. Olió un aroma increíble que se distinguió de los demás.
10. Garfield caminaba por las calles del centro.

ACTIVIDAD CUATRO

1. calles
2. increíble
3. mucho
4. aire
5. anticipación

6. partes
7. puerta/tienda
8. abrió
9. furtivamente
10. dulce

ACTIVIDAD CINCO

1. The roaches cleaned the sweet rolls.
2. The crumbs danced all night in the darkness.
3. One cockroach (OR a roach) distinguished itself from the rest (from the others).
4. Garfield carried the keys all day and laughed.
5. The roaches sniffed/smelled the air in the butcher shop.
6. My sister found the roaches and turned off the lights because she didn't want to see them.
7. Garfield felt tired (was feeling tired) because he danced with the roaches everywhere.

ACTIVIDAD SEIS

1. E
2. E
3. C
4. C
5. C
6. C

ACTIVIDAD SIETE

The student drawing should show cockroaches dancing, laughing, and/or eating.

ACTIVIDAD OCHO

En ese lugar tan increíble vamos a gozar de todo. Oleremos un aroma sin comparación. Habrá una fiesta sin comparación también. En este lugar, durante esta fiesta, estaré con todos mis seres queridos, y no pararemos nunca de celebrar. Bailaremos y reiremos. No tendremos que salir, y habrá suficiente para todos.

ACTIVIDAD NUEVE

1. They establish the scene. They describe the sights, sounds, and aromas of the setting.
2. había
3. de repente
4. Garfield
5. to OR "in order to"
6. the preterite
7. alguien
8. puerta/door
9. Garfield
10. #4 OR #7; se

ACTIVIDAD DIEZ

1. era
2. at
3. de la panadería
4. las luces/luces
5. de la tienda OR de la panadería OR del edificio, etc.
6. la puerta/puerta
7. con llave
8. escondidas, plural, feminine, cucarachas
9. esperado, habían; understood subject is "las cucarachas"
10. nadie, two, no, nadie, había
11. oscura, panadería
12. sus, escondites, their
13. ir, cucarachas, por todas partes, de la panadería
14. It is describing the activities of the roaches, a plural subject.

Lección once
Un pimiento habanero

ACTIVIDAD UNO

You should see student drawings of:
(top row, left to right) the pepper (hot pepper), the mouth, the lips, the tongue
(bottom row, left to right) the throat, liters of water, the ice, the milk

ACTIVIDAD DOS

1. E
2. B
3. E
4. E

5. M
6. B
7. E
8. M

ACTIVIDAD TRES

1. I
2. I
3. I
4. I

5. P
6. P
7. P
8. I

ACTIVIDAD CUATRO

1. **Tomamos** 3.7 litros de agua.
2. **Comimos** mucho hielo.
3. **Corrimos** por la calle.
4. **Vimos** una lechería y **entramos** allí.
5. **Abrimos** el refrigerador.
6. **Sacamos** 4 botellas de leche y las **bebimos**.
7. **Comimos** yogur también.
8. **Nos desmayamos**.

ACTIVIDAD CINCO

1. The peppers opened the refrigerator and took out the milk.
2. The cockroaches ate peppers and threw fire from their mouths.
3. The throat went to the dairy and bought several containers of yogurt.
4. I felt better when I ate a pepper that burned my mouth.
5. The dairy employees cleaned the refrigerator.

6. My sister's boyfriend cried because a pepper burned his tongue.
7. My sister drank a lot of water because she ran a long way.
8. You found a bottle of meat at the bakery.

ACTIVIDAD SEIS

1. Alguien tomaba leche.
2. El empleado le habló.
3. El empleado hizo la cuenta.
4. El señor miró la cuenta.
5. El señor se desmayó.
6. El empleado salió de la tienda.
7. Garfield vio al empleado que corría por la calle.
8. Garfield bebió leche en la lechería.

ACTIVIDAD SIETE

Drawings will vary.

ACTIVIDAD OCHO

El empleado fue a la caja e hizo la cuenta; no quería que el señor saliera sin pagar por todos los productos que había consumido. Se la llevó al señor y le sonrió cortésmente. Pero el señor ojeó la cuenta y se desmayó inmediatamente. El empleado salió corriendo apresuradamente. Gritó por la calle, "¡Socorro! ¡Tenemos una emergencia aquí! Necesitamos un medico!"

ACTIVIDAD NUEVE

1. era
2. Julio
3. no, tampoco
4. gritando, llorando
5. vio (ver)
6. botellas
7. recipientes
8. en medio, de la lechería

ACTIVIDAD DIEZ

1. the personal a, cliente
2. leche
3. en medio, de la tienda
4. hizo, dijo
5. varios, sorprendido
6. preterite, imperfect, subjunctive, infinitive
7. el señor, la cuenta/bill
8. down
9. salido, había
10. muchísima leche

Lección doce
El viaje peligroso

ACTIVIDAD UNO

y
su
era (fue is also acceptable)
vida
había
empezó
difícil
aprender
recordó
necesitaba

ACTIVIDAD DOS

1. a
2. c
3. b

4. b
5. a
6. c

ACTIVIDAD TRES

1. veces
2. le
3. sobre
4. buscar

ACTIVIDAD CUATRO

1. Cristián comenzó un viaje.
2. Deseaba aprender la verdad.
3. Su familia trató de disuadirlo.
4. Pero alguien le dio buenos consejos.
5. Aún así, el viaje le parecía muy difícil.
6. Muchas veces sentía miedo.
7. Siempre pensaba en su propósito.
8. Todos los días buscaba la verdad.
9. Siempre recibía exactamente lo que necesitaba.
10. Por fin, entró en su destino.

ACTIVIDAD CINCO

1. E	8. E
2. O	9. E/O
3. E	10. C
4. E	11. C
5. E	12. C
6. E	13. C
7. C	14. C

ACTIVIDAD SEIS

Drawings will vary.

ACTIVIDAD SIETE

Person, Place, or Thing	Activity or Action
viaje	quería
consejos	aprender
recompensa	dio
evangelista	necesitaba
gente	trató
propósito	recordaba
verdad	recibía
información	era
problemas	podían
destino	encontraría
recompensa	creía
alegría	mostraría
	escogió
	llegó
	recibió
	tiene

ACTIVIDAD OCHO

Cuando John tenía treinta años, le arrestaron por predicar sin permiso. En aquel entonces, era ilegal predicar en Inglaterra sin el permiso del gobierno. Muchos hombres trataron de disuadirlo de predicar, pero John nunca les prestó atención. Para John, la libertad personal no le importaba tanto como la obligación que sentía. John tenía que predicar. Nada en el mundo le era más importante.

ACTIVIDAD NUEVE

1. imperfect
2. background info OR the setting, etc.
3. preterite, actions/events
4. sobre
5. dio, irregular, preterite
6. era
7. difíciles
8. have
9. Cristián; so that we are not overly repetitive.
10. cansado, cansada
11. to OR "in order to"

ACTIVIDAD DIEZ

1. once upon a time
2. había, ayudaba, imperfect
3. el evangelista
4. diciendo, speaking OR telling
5. verdad, truth
6. conocer, acquaint, reacquaint
7. mostraría, the Spanish derivative
8. gustaba, comenzaba, estaban; encontraría, mostraría
9. Cristián
10.
11. so that
12. evangelist, Cristián, getting lost; subjunctive; se perdiera
13. había hablado
14. servirían, (they) would serve
15. feminine, tantos
16. feminine, varias, había una vez, otra vez
17. circunstancias

Lección trece
En la granja

ACTIVIDAD UNO

(top row, left to right) a farmer, the cows, at 9 (o'clock), the hens
(middle row, left to right) goes to bed, eggs, to feed (animals), he will go
(bottom row, left to right) sausage, breakfast, the horses, the goats

ACTIVIDAD DOS

1. granjero
2. temprano
3. trabajo
4. temprano
5. cuatro
6. primero
7. caballos (or puercos)
8. puercos (or caballos)
9. todos
10. desayuno
11. chorizo
12. delicioso

ACTIVIDAD TRES (rap - no answer key)

ACTIVIDAD CUATRO

1. La vaca tiene un día libre y se acuesta a las cuatro y media.
2. Las gallinas comen el chorizo y lloran.
3. El cerdo (el puerco) vagaba en la carnicería cuando vio el chorizo y gritó (chilló).
4. El huevo tenía sed y le pidió agua a la gallina.
5. Había una vez una estrella que sonrió y bailó.
6. Una noche, la cabra se sentó y no hizo nada.

ACTIVIDAD CINCO

1. te acuestas
2. tendrás que levantarte
3. te levantarás
4. tienes
5. irás
6. darás
7. tendrás
8. comerás tu
9. comerás

ACTIVIDAD SEIS

1. ☹
2. ☺
3. ☺
4. ☹
5. ☹
6. ☹

ACTIVIDAD SIETE

Paco Loco is seeing stars; he should look dazed, confused, pained, etc.

ACTIVIDAD OCHO

Después, todos decidieron ir para ver los caballos. Caminaron hacia los caballos, y la mujer los admiraba. Todo iba bien hasta que llegaron los perritos. Ellos vinieron ladrando y saltando y pórtandose muy mal. Esto fue un problema, porque los caballos se alarmaron. Uno de los caballos vio a la perrita Lucía e intentó matarla. La persiguió y trató de pisotearla. Me imagino que pensó que era una rata. La pobre Lucía corrió y corrió. Nunca has visto pánico y confusión como había ese día.

ACTIVIDAD NUEVE

1. es
2. as, Samuel
3. two, no, ningún
4. pague, certain
5. bed; o changes to ue
6. future
7. recibirán, comerán
8. theirs OR their own
9. todos (all of them)
10. –ly

ACTIVIDAD DIEZ

1. It sets the stage; imperfect
2. varios meses/several months; anduvo; accent mark
3. una noche, preterite
4. había
5. había bebido
6. saber, sabía
7. al lado de la vaca, debajo de la vaca, vaca
8. vaca, Paco Loco, certain, give milk/comply (etc).
9. no, nada
10. ten compasión

Lección catorce
¿Una receta nueva?

ACTIVIDAD DOS

1. E
2. E
3. M/E
4. M
5. B
6. B
7. M/B
8. E

ACTIVIDAD TRES

1. estudiar (leer is also acceptable)
2. mejor
3. determinación
4. interesó
5. cocina
6. chorizo con huevos

ACTIVIDAD CUATRO

1. Paco Loco
2. Paco Loco
3. Paco Loco
4. Samuel
5. Samuel
6. Paco Loco
7. Samuel
8. Paco Loco
9. Samuel

ACTIVIDAD CINCO

1. b
2. a
3. b
4. b

ACTIVIDAD SEIS

1. recetas
2. biblioteca
3. sacar
4. chorizo
5. abres
6. cocinando
7. huevos
8. sorprendido

ACTIVIDAD SIETE

Samuel was eating worms.

ACTIVIDAD OCHO

A SAMUEL LE GUSTA COMER LOS GUSANOS.

ACTIVIDAD NUEVE

1. fue
2. no, tampoco
3. major
4. himself
5. determinación
6. a la biblioteca, de recetas interesantes
7. interesantes, recetas
8. 3, future, preterite, present

ACTIVIDAD DIEZ

1. al mercado, para cebos
2. había robado
3. desesperadamente
4. creyendo, believing/thinking
5. preterite, varios minutos
6. what
7. la casa de Samuel
8. cocinando
9. ir, a la puerta
10. pase Ud.

Lección quince
De vacaciones en la playa

ACTIVIDAD UNO

You should see student drawings of:
(top row, left to right) the beach, a prize, toothpaste, suitcases
(bottom row, left to right) suntan lotion, sunglasses, sand, the label

ACTIVIDAD DOS

1. Carlos había querido visitar la playa por varios meses.
2. Un día ganó un premio excelente-- ¡una vacación gratis en su playa favorita!
3. Llegó a la playa en poco tiempo.
4. Se sentó y comenzó a ponerse la loción bronceadora.
5. ¡Ay! La loción le ardía la piel!
6. Carlos gritó y gritó en voz alta porque le dolía mucho.

ACTIVIDAD TRES

had   *clothes*

Paco Loco quería tomar el sol. Hizo las _____ maletas _____ y fue a la _____ playa _____ . Tenía su ropa, su _____ loción _____ bronceadora, (*tanning*) champú para lavarse el pelo, y _____ pasta _____ dentífrica para lavarse los dientes. Estaba muy emocionado.

hair

Cuando Paco Loco llegó a su destino, el sol brillaba mucho. Era un día magnífico. Paco Loco se puso sus _____ gafas de sol _____ porque el sol le irritaba los ojos. Entonces recordó que había olvidado sus sandalias. No quería tener _____ arena _____ en los zapatos, así que se los quitó, pero entonces la arena caliente le _____ ardía _____ a los pies. Paco Loco gritó en _____ voz alta _____ porque le _____ dolía _____ mucho. ¡Pobre Paco Loco!

ACTIVIDAD CUATRO

1. Un día ganamos un premio excelente.
2. Hicimos las maletas inmediatamente, y llegamos a la playa en poco tiempo.
3. Llevamos las toallas y la loción bronceadora a la arena.
4. Nos sentamos y comenzamos a ponernos la loción bronceadora.
5. Gritamos y gritamos en voz alta porque era pasta dentífrica.

ACTIVIDAD CINCO

1. ☺		4. ☺
2. ☹		5. ☹
3. ☺		6. ☹

ACTIVIDAD SEIS

Solution

```
D S I E M P R E E E D E E B E
S E A R A C N L S E E E S R L
L O S A S O E R T S I Q R U E
T A S E J + A + R + + A + +
+ + + A S Y + A + + + + T + +
+ + R + A P D + + + + O + +
+ S + M R E E + + + + R + +
E + S + U A O R + + + D F + +
+ E + Q + H M + A + + E + + +
D + + + C + + O + D + R + + +
+ + + E + + + + T + O R + + +
+ + P + + + + + + + A + + +
+ + + + + + + + + + M + + +
+ + + + + + + + + + A + + +
+ + + + + + + + + + R + + +
```

(Over,Down,Direction)

CARA (6,2,W)
DERRAMAR (12,8,S)
DESESPERADO (1,1,SE)
DESMAYARSE (1,10,NE)
ENOJARSE (8,1,SW)
FROTARSE (13,8,N)
PECHO (3,12,NE)
QUEDARSE (4,9,NE)
SOL (3,3,W)
TOMAR (9,11,NW)

Siempre debes leer las etiquetas.

ACTIVIDAD SIETE

1. I need to put on suntan lotion (sunscreen) because I am going to lay out. (lógico)
2. I spilled the water that I brought (carried) with me, and now I am thirsty. (lógico)
3. The child is rubbing (rubs) his eyes because they put lotion on his face. (lógico)
4. My mother fainted because she saw a romantic movie. (ilógico)
5. I smiled because I was very angry. (ilógico)

ACTIVIDAD OCHO

Person, Place, or Thing:	Activity or Action:
la cara	derramar
gafas de sol	desmayarse
pasta dentífrica	enojarse
el pecho	frotarse los ojos
sensación de ardor	tomar el sol
	quedarse mudo

ACTIVIDAD NUEVE

Sin embargo, cuando abrió la boca para insultarle, Carlos notó la sonrisa grande e inocente de Paco Loco. Notó la expresión amable en la cara. Vio que el pobre hombre no quería ofender ni molestar, y sospechaba que esta vez, sólo intentaba ayudarle. Carlos suspiró y estrechó la mano.

ACTIVIDAD DIEZ

1. había
2. excelente, gratis, favorita
3. hizo
4. a la playa, en poco tiempo; to the beach, in a short time (in little time)
5. four
6. la loción
7. ser

ACTIVIDAD ONCE

1. tomando
2. oyó, he heard
3. afortunadamente
4. the preterite, because it describes a series/sequence of actions/events
5. ¡Qué barbaridad! It could be translated, "How awful!" or similar.

Lección dieciséis
En el estudio de fotografía

ACTIVIDAD UNO

1. B
2. B
3. M
4. M
5. B
6. M/E
7. B
8. E

ACTIVIDAD DOS

1. sonreír
2. tiburón
3. le mostró
4. avergonzarse
5. sonriera
6. frunció

ACTIVIDAD TRES

1. Glauco el gruñon fue al estudio de fotografía.
2. Se negó a sonreír.
3. El pobre fotógrafo le rogó que sonriera.
4. Le mostró fotos de lindos animales.
5. Glauco todavía se negó a sonreír.
6. El fotógrafo le mostró una foto de Barcelona.
7. Glauco vio a los turistas en la foto.
8. Entonces imaginó varios tiburones.

ACTIVIDAD CUATRO

1. Glauco
2. Glauco
3. Glauco
4. los turistas
5. los turistas
6. los turistas
7. Glauco
8. Glauco
9. Glauco

ACTIVIDAD CINCO

1. <u>Los gruñones</u> <u>caminaron</u> a la estación de metro.
2. Cuando <u>llegaron,</u> <u>vieron</u> el horario y <u>notaron</u> que el tren ya había salido.
3. <u>Fruncieron los ceños</u> y <u>comenzaron</u> a esperar.
4. <u>Los gruñones</u> <u>se encontraron</u> gozando de su conversación con unos turistas.
5. <u>Pensaron</u> en todo esto y <u>se arrepintieron</u>.

ACTIVIDAD SEIS

Illustrations will vary.

ACTIVIDAD SIETE

La moraleja de este cuento es: Lo que se siembra se cosecha.

ACTIVIDAD OCHO

Cuando la señora Pérez oyó esta conmoción, pensó que vio una expresión pícara en la cara de su hijo. Le parecía que su niño precioso gozaba del caos demasiado. Ella frunció el ceño y exclamó, "Mi'jo, tú deberías estar avergonzado. Si no te arrepientes en seguida, tu visita a la playa se concluirá ahora mismo."

ACTIVIDAD NUEVE

1. ir
2. al estudio, de fotografía
3. sonriera, subjunctive, certain/sure
4. foto, Glauco
5. preposition

ACTIVIDAD DIEZ

1. passive voice
2. a la estación, de metro, para esperar el tren
3. había llegado
4. masculine
5. gozando
6. en, of OR about
7. es

Lección diecisiete
En el café

ACTIVIDAD UNO

You should see student drawings of:
(top row, left to right) an idea, a member, the group, at first
(bottom row, left to right) a coffee pot, a cup/mug, a surprise, to achieve

ACTIVIDAD DOS

1. El miembro del grupo (OR de la banda) pensó en una idea espléndida para reunirse con Paco Loco.
2. ¡Qué sorpresa! Paco Loco logró una buena idea (OR una idea buena).
3. Se le ocurrió a la taza que la cafetera era muy (or bastante, verdaderamente, etc.) espléndida.
4. La taza se reunió con la cafetera, y las dos lograron la perfección.

ACTIVIDAD TRES

1. <u>Miramos</u> por todas partes, pero no <u>vimos</u> a Carlos.
2. <u>Nos sentamos</u> para esperarle a <u>nuestro</u> amigo.
3. <u>Nos quedamos</u> mud<u>os</u> al ver a un miembro de una banda famosa.
4. <u>Nos sentimos</u> muy emocionad<u>os</u>… ¡<u>nos</u> encantaba esa banda!
5. ¿Cómo <u>podíamos</u> lograr la oportunidad para hablar con él?
6. Afortunadamente, se <u>nos</u> ocurrió una idea espléndida.
7. <u>Nos levantamos</u> y <u>agarramos</u> la cafetera y una taza.
8. <u>Fuimos</u> al hombre, le <u>sonreímos</u>, y <u>comenzamos</u> a servirle café.

ACTIVIDAD CUATRO

1. Pepito le sirvió café al guitarrista.
2. Pepito le dio café al señor.
3. Pepito conoció al bajista de la banda.
4. Le preguntó muchas cosas al bajista.
5. El miembro de la banda sacó su cámara.

ACTIVIDAD CINCO

1. c
2. g
3. h
4. e
5. a
6. d
7. b
8. f

ACTIVIDAD SEIS

Se le acercó
la cafetera
el grupo
una idea espléndiad
lograr
un miembro
al principio
reunirse
la oportunidad
qué sorpresa
se le ocurrió
una taza

Puzzle Solution: SE LE OCURRIÓ UNA IDEA ESPLÉNDIDA.

ACTIVIDAD SIETE

Student may have copied any paragraph from page 56.

ACTIVIDAD OCHO

1. ir
2. everywhere
3. the personal a
4. amigo/Carlos
5. esa
6. espléndida, idea
7. cafetera, taza
8. hombre/miembro

ACTIVIDAD NUEVE

1. taza, hombre
2. sirvió, agradeció, sonrió
3. se animó, comenzó
4. este
5. hizo
6. him; me parecía, nos parecía, les parecía
7. subjunctive
8. tendría, would have
9. hablando, hacienda
10. subjunctive, certain/sure

Lección dieciocho
El estudio de grabación

ACTIVIDAD UNO

1. P
2. P
3. P
4. I
5. I
6. P

ACTIVIDAD DOS

1. c
2. e
3. a
4. d
5. b

ACTIVIDAD TRES

1. a
2. c
3. b
4. b

ACTIVIDAD CUATRO

1. invitación
2. autobús
3. empleada
4. canción

ACTIVIDAD CINCO

1. Hablé y hablé.
2. Me saqué una selfie.
3. Volqué la taza de café.
4. Limpié el desorden.
5. Acepté una invitación.
6. Fui en el autobús de la banda.
7. Escuché mientras el grupo grabó.
8. Me encantó la experiencia.
9. Pero me olvidé de Carlos.

ACTIVIDAD SEIS

1. Pepito (or ambos)
2. Pepito
3. el ladrón
4. el ladrón
5. Pepito
6. Pepito
7. Pepito
8. Pepito
9. Pepito
10. el ladrón

ACTIVIDAD SIETE

The student's drawing might include the thief and Pepito shaking hands, or the thief looking regretful and/or grateful.

ACTIVIDAD OCHO

1. The man is hungry, so he eats a credit card. (ilógico)
2. The cup of coffee yawned (was yawning) because it had taken lots of selfies. (ilógico)
3. The thief was happy (content) because Pepito treated him kindly (with kindness). (lógico)
4. It was 12:30 a.m., and I was sleepy. (lógico)
5. I thanked the thief because he yelled at me and stole my money. (ilógico)

ACTIVIDAD NUEVE

"Al culpado que cayere bajo tu jurisdicción considérale hombre miserable, sujeto a las condiciones de la depravada naturaleza nuestra, y en todo cuanto fuere de tu parte, sin hacer agravio a la contraria, muéstrate piadoso y clemente; porque, aunque los atributos de Dios todos son iguales, más resplandece y campea a nuestro ver el de la misericordia, que el de la justicia."

ACTIVIDAD DIEZ

1. en un café, con el bajista, de una banda
2. because "fotografía" is feminine. (Student may also rightly say, "it is preceded by una.")
3. sacaban, volcó
4. esa
5. invitación
6. ir
7. Pepito
8. ser

ACTIVIDAD ONCE

1. lentamente
2. había oído, había aprendido; he had heard, he had learned
3. eran, ser, plural; the number of hours is plural
4. had
5. fácilmente, easily
6. dáme tu billetera, give me your wallet
7. tendrá, hungry
8. mostrara

Lección diecinueve
La locura de Don Quijote

ACTIVIDAD DOS

1. <u>Tenías</u> 50 años y <u>eras</u> alto y flaco.
2. Lo que <u>te</u> gustaba más en el mundo era leer.
3. <u>Vendiste</u> muchas tierras para comprar más libros.
4. <u>Leíste</u> muchos libros.
5. <u>Leías</u> más que <u>comías</u>.
6. <u>Leías</u> más que <u>dormías</u>.
7. <u>Pensabas</u> en las ideas de las cuales <u>leías</u>.
8. Por fin, se <u>te</u> secó el cerebro.
9. <u>Perdiste</u> el juicio y <u>te volviste</u> loco.

ACTIVIDAD TRES

1. ☺
2. ☺
3. ☹
4. ☹
5. ☺
6. ☹

ACTIVIDAD CUATRO

1. e
2. g
3. c
4. d
5. a
6. h
7. f
8. b

ACTIVIDAD CINCO

Illustrations will vary.

ACTIVIDAD SEIS (Crossword Puzzle)

<u>Across</u>

2. enemigo
5. fiel
8. caballero
10. amo
11. molino
12. juicio
14. vecino
16. tierras
18. batallas

<u>Down</u>

1. cerebro
3. malvado
4. listo
6. flaco
7. pensamiento
9. caballerías
13. herida
15. lugar
17. razones

ACTIVIDAD SIETE

Como Don Quijote, su famoso personaje creado, Cervantes era un ávido lector de libros. También fue un soldado por unos cuatro años. Varios relatos históricos describen su valentía durante este período. Pero en 1575 Miguel y su hermano Rodrigo fueron capturados por piratas musulmanes, y Miguel vivió preso por cinco años. Se cree que estas aventuras y experiencias tuvieron mucha influencia en la escritura de su obra Don Quijote de la Mancha.

ACTIVIDAD OCHO

,
1. from a place in La Mancha
2. alta, flaca
3. leer
4. passive
5. leed, leer, dime, to say/tell, diré, I will tell

ACTIVIDAD NUEVE

1. to become
2. armas
3. cuidadosamente
4. Don Quijote; he (Don Quijote); thing; cosa
5. girlfriend/fiancé, conditional
6. seemed/appeared, le pareció, me pareció
7. acompañara, subjunctive, certain/sure
8. upon seeing, al comenzar, upon starting
9. Literally, "hay que quitarles la vida" means "there is to take their lives," but we would never say it that way in English. A good translation might be, "Let's go get them!" or "We have to waste those dudes!"
10. mercy

Lección veinte
La Celestina

ACTIVIDAD UNO

You should see student drawings of:
(top row, left to right) fell in love, hurt/pained him, the chest (body part), he complained
(bottom row, left to right) to die, servants, he was going, he was convinced

ACTIVIDAD DOS

1. E
2. B
3. E

4. E
5. B
6. M

7. B
8. M

ACTIVIDAD TRES

1. verdad
2. verdad
3. falso
4. verdad
5. falso
6. verdad
7. falso
8. falso

ACTIVIDAD CUATRO

1. Sempronio
2. Sempronio
3. Calisto
4. Celestina
5. Melibea

6. Sempronio
7. Celestina
8. Calisto
9. Sempronio
10. Melibea

ACTIVIDAD CINCO

1. a
2. b
3. c

4. b
5. c
6. a

7. c
8. b

ACTIVIDAD SEIS

Drawings could show any of the following: Melibea waiting for Calisto, Celestina arguing/fighting with Sempronio, Celestina killed by Sempronio, the police arresting Sempronio, Calisto falling from a wall around Melibea's garden, Melibea throwing herself from the roof of her home.

ACTIVIDAD SIETE

Word search- no answer key

ACTIVIDAD OCHO

Student may have copied any paragraph from page 68.

ACTIVIDAD NUEVE

1. personal a, señorita
2. and (the same word as "y")
3. completamente, instantáneamente
4. estómago
5. Calisto
6. ayudaran, certain/sure

ACTIVIDAD DIEZ

1. correspondiera, Calisto
2. por
3. la casa de Calisto
4. la casa de Melibea
5. consigo
6. Sempronio, oro

Lección veintiuno
El Conde Lucanor

ACTIVIDAD UNO

a
un
una
tuvo
ciego
tesoro
pensaba
detalles
sabiduría
consejeros

ACTIVIDAD DOS

1. ¿Cómo se llamaba?
2. ¿Cómo decidiste qué hacer?
3. ¿Le dijiste todos los detalles?
4. ¿Te ayudó a tomar la decisión?

ACTIVIDAD TRES

1. ☺
2. ☹
3. ☺
4. ☺
5. ☺

ACTIVIDAD CUATRO

1. un hombre
2. fue a un amigo
3. peligroso
4. le creyó al otro
5. se cayeron
6. no vale nada
7. pensó en la sabiduría

ACTIVIDAD CINCO

Yo _____perdí_____ la vista y _____quedé_____ ciego. Entonces vino a visitar _me_ otro ciego de _mi_ ciudad. El otro ciego trató de convencer _me_ de la idea de ir juntos a un pueblo cercano. Yo _____pensé_____ en la idea y le _____dije_____ que no _____creía_____ que era una buena idea. Le _____expliqué_____ que el camino al otro pueblo era peligroso.

El otro ciego _me_ aseguró que no habría ningun peligro. _Me_ prometió acompañar en el camino, y _me_ dijo que él no iría tampoco si el camino fuera tan peligroso. _Me_ dijo que juntos, _____podríamos_____ evitar de cualquier problema. Insistió tanto que yo le _____creí_____, y _____tomé_____ la decisión de ir.

Nosotros _____comenzamos_____ nuestro viaje. Cuando _____llegamos_____ a los lugares más abruptos y peligrosos, cayó en un barranco el segundo ciego que, pensando que conocía el camino, _me_ llevaba consigo. Y así fue que yo, contando con una garantía falsa, también _____caí_____.

ACTIVIDAD SEIS

1. El barranco le aseguró al camino que no había ningún peligro.
2. El Conde Lucanor perdió la vista y evitó el tesoro.
3. El consejero contaba con el ciego.
4. El tesoro escuchó atentamente y pensó en los detalles de la historia.
5. Patronio trató de convencerle de que era ciego.

ACTIVIDAD SIETE

Drawings might show two blind men falling into a ravine, with one falling and dragging the other with him.

ACTIVIDAD OCHO

Person, Place, or Thing	Activity or Action
barranco	asegurar
camino	convencer
ciego	contaba
consejero	evitar
decisión	explicar
detalles	pensaba
historia	quedar
sabiduría	tomar
tesoro	trató
vista	tuvo

ACTIVIDAD NUEVE

Vos, señor conde, si justificadamente sentís recelo y la aventura es peligrosa, no corráis ningún riesgo a pesar de lo que vuestro buen pariente os propone, aunque os diga que morirá él antes que vos; porque os será de muy poca utilidad su muerte si vos también corréis el mismo peligro y podéis morir.

ACTIVIDAD DIEZ

1. who
2. con, with, on
3. la sabiduría de Patronio, de
4. take
5. en, on/in, about
6. atentamente, escuchó
7. similares, detalles
8. the personal a, el Conde Lucanor
9. about
10. era
11. afortunado, grande; bastante, grande
12. It might be translated as, "right?" or "isn't it?" etc.

ACTIVIDAD ONCE

1. There was a man who lost his sight and remained blind.
2. señor
3. Entonces otro ciego de su ciudad vino a visitarle.
4. habría
5. iría, would go
6. fuera, "He told him that he wouldn't go either if the road were so dangerous."
7. And so it was that OR "that's how"
8. la sabiduría de su consejero

Lección veintidós
El Cid

ACTIVIDAD UNO

You should see drawings of (top row, left to right): the servant, left in exile, the king, the enemy (bottom row, left to right): his wife, the beard, to say goodbye, the treasure

ACTIVIDAD DOS

1. E
2. B
3. B
4. E
5. M
6. M
7. B
8. E
9. M

ACTIVIDAD TRES

1. Pero <u>mesaste</u> la barba del conde García Ordoñez.
2. <u>Tuviste</u> que salir de Castilla en exilio.
3. <u>Fuiste</u> al monasterio y <u>te despediste</u> de <u>tu</u> familia.
4. ¡Cómo <u>te</u> dolía separar<u>te</u> de ellas!
5. Pero <u>fuiste</u> a Castejón y lo <u>atacaste</u>.
6. Y allí <u>venciste</u> a los moros.
7. Le <u>mandaste</u> una gran parte del botín a <u>tu</u> rey.
8. Después, <u>recibiste</u> a <u>tu</u> familia.
9. ¡<u>Tu</u> buena fe fue recompensada!

ACTIVIDAD CUATRO

1. El Cid
2. El Cid
3. El Cid
4. el Rey Alfonso
5. el rey de Marruecos
6. el rey de Marruecos
7. El Cid
8. El Cid
9. el Rey Alfonso
10. el Rey Alfonso
11. El Cid
12. el Rey Alfonso

ACTIVIDAD CINCO

Pero el rey de Marruecos también había observado el éxito del Cid, lo cual le pesó mucho. Pronto vino de África con cincuenta mil (50,000) hombres de armas. Éstos entraron en sus naves, buscaron a Valencia y al Cid, levantaron sus tiendas alrededor, y tocaron sus tambores. Todo el ruido le asustó a Doña Jimena, pero el Cid valiente vio en ésto otra oportunidad para ganarse el pan. El Cid y sus vasallos lucharon contra sus enemigos, los derrotaron completamente y volvieron victoriosos.

ACTIVIDAD SEIS

Drawings might show the angry king of Morocco, boats full of soldiers, soldiers setting up camp and beating drums, el Cid's wife's fear, a battle, etc.

ACTIVIDAD SIETE

Puzzle Solution: Todos celebraron y se alegraron porque el honor del Cid se había restablecido.

ACTIVIDAD OCHO

1. el sirviente muy leal del Rey Alfonso
2. la barba de su enemigo
3. fue
4. Castejón
5. the second, los moros, the first, Castejón
6. del botín, a su rey
7. en Valencia, con mucha alegría
8. ir, ser

ACTIVIDAD NUEVE

1. the first, moros, the second, "them," moros
2. lo que
3. permitiera, se reunieran, permit/allow, reunite
4. object pronouns, Doña Jimena y sus hijas
5. e, incluso
6. four, hombres (de armas), entraron, buscaron, levantaron, tocaron
7. against, with
8. four
9. doscientos, 200
10. se había restablecido

Lección veintitrés
Lazarillo de Tormes

ACTIVIDAD UNO

(top row, left to right) mean/unpleasant, to mistreat, to hide, the wine
(bottom row, left to right) to sow (seed), the wind, a storm, to hit/strike

ACTIVIDAD DOS

1. Un ciego era el amo de Lazarillo.
2. Este amo era muy antipático.
3. El ciego siempre le maltrataba al muchacho.
4. Le engañaba y se reía de Lazarillo con frecuencia.
5. Le golpeaba también.
6. El ciego tenia comida, pero no la compartía con el pobre muchacho.
7. No le daba su vino tampoco.
8. Pero sus acciones no mostraban la sabiduría, y eventualmente sufriría las consecuencias.

ACTIVIDAD TRES

1. The grapes tricked the blind man.
2. The crows begged (asked) for alms.
3. The master divides the winds.
4. The child was tricking the storms.
5. The thief was hitting/striking the wine.

ACTIVIDAD CUATRO

1. ☹
2. ☺
3. ☹
4. ☹
5. ☺
6. ☺
7. ☹
8. ☺

ACTIVAD CINCO

ACTITUD
CUERVOS
ENGAÑAR
ESCONDER
LIMOSNAS
MALTRATAR

PICAR
NECIO
TEMPESTAD
VIENTO
VINO

Puzzle Solution: Cría cuervos, y te sacarán los ojos.

ACTIVIDAD SEIS

Lazarillo should be shown eating 3 grapes at a time and/or wearing a look of cunning on his face.

ACTIVIDAD SIETE

Cuando __mi__ amo y yo _____llegamos_____ a un pueblo donde el ciego pensó pedir limosnas, alguien __nos__ dio unas uvas. Entonces el ciego ____me____ propuso: "Comeremos estas uvas juntos, una por una."

_____Comenzamos_____ a picar las uvas. Pronto yo _____noté_____ que el ciego las comía de dos en dos. _____Pensé_____ así: Pues, yo las comeré de tres en tres, y así lo hizo.

Fue de este modo que yo le _____engañé_____ a __mi__ amo, el gran ladrón.

ACTIVIDAD OCHO

Un día Lazarillo y el ciego viajaron al pueblo de Almoroz. Allí la gente cosechaba las uvas, y alguien le dio dos racimos de uvas al ciego. Este mal amo pensó engañarle a Lazarillo de nuevo, así que le dijo, "Lázaro, hoy quisiera tratarte generosamente. Compartiré la mitad de estas uvas contigo. Yo picaré una y tú picarás otra, y así ambos estaremos seguros de recibir la cantidad apropiada."

ACTIVIDAD NUEVE

1. some
2. planned/intended
3. comeremos
4. de dos en dos
5. comeré
6. y así lo hio
7. fue de este modo

ACTIVIDAD DIEZ

1. quisiera
2. compartiré, picaré, picarás, estaremos; picarás, estaremos
3. engañaste
4. de tres en tres
5. astuto, ciego
6. picaba, imperfect, dijiste, preterite

Lección veinticuatro
La rana y el rey

ACTIVIDAD UNO

Student drawing should show:
(top row, left to right): the frog, happy, to pray, to be human
(bottom row, left to right): the king, to play, the impact/hit, to be quiet/hush

ACTIVIDAD DOS

1. E	5. E
2. E	6. B
3. B	7. B
4. M	8. M

ACTIVIDAD TRES

1. Una rana cantaba y jugaba (OR jugaba y cantaba) felizmente en el lago.
2. Pero entonces observó que los otros animales tenían un rey.
3. La rana pensó y pensó sobre este asunto.
4. La rana decidió que ella quería servir a un rey también. ("También" can be placed elsewhere in the sentence; for example, it could be placed before "quería").
5. La rana le pidió un rey a Don Júpiter.
6. Júpiter le envió un rey enorme.
7. El golpe al agua le hizo callar a la rana.
8. La rana subió sobre el rey y así perdió su respeto por él.
9. Oró otra vez. OR- Otra vez oró.
10. Esta vez Júpiter le envió una cigüeña mansillera.
11. La cigüeña se la comió.

ACTIVIDAD CUATRO

1. **Observamos** que los otros animales tenían un rey.
2. **Pensamos** y **pensamos** sobre este asunto.
3. **Decidimos** que también **queríamos** servir a un rey.
4. Le **pedimos** un rey a Don Júpiter.
5. Cuando Júpiter **nos** envió un rey, el golpe al agua **nos** hizo callar.
6. Pero como no pasó nada, **subimos** sobre el rey… y así **perdimos** respeto por él.
7. Otra vez **oramos.**
8. Esta vez Júpiter **nos** envió una cigüeña mansillera.
9. La cigüeña se **nos** comió, y nunca **volvimos** a orar a Júpiter jamás.

ACTIVIDAD CINCO

1. las ranas
2. las ranas
3. Don Júpiter
4. las ranas
5. las ranas

6. Don Júpiter
7. las ranas
8. las ranas
9. las ranas
10. Don Júpiter

ACTIVIDAD SEIS

1. las ranas vivían felizmente
2. el "dios" envió una viga de lagar
3. la viga de lagar cayó
4. observaron que el "rey" no hacía nada
5. Júpiter les mandó una cigueña
6. la cigueña se las comió
7. las ranas pidieron Misericordia
8. las ranas no necesitaban un rey

ACTIVIDAD SIETE

Drawings will vary.

ACTIVIDAD OCHO

1. Las cigueñas quieren ser el rey de la viga de lagar.
2. Los seres humanos les dieron voces a las ranas con mucho anhelo.
3. Los cuervos vieron el lago y tragaron toda el agua. (Note: "Agua" is feminine, but the definite article "el" is used with the singular word in order to avoid cacophony).
4. El ciego no iba a castigar a las ranas. (OR- El ciego no castigaría a las ranas. Note: The personal "a" is used here because the "ranas" have been "personified" in the story).
5. El rey les cantaba a las uvas cuando su enemigo gritó "¡Ten(ga) cuidado!"

ACTIVIDAD NUEVE

1. felizmente
2. aún
3. preterite, imperfect, quería, decidió
4. the personal a
5. Don Júpiter
6. as a preposition, the personal a.
7. since nothing happened, because nothing happened, etc.

8. Don Júpiter
9. cigueña
10. la rana

ACTIVIDAD DIEZ

1. rogándole (rogando)
2. how
3. pudo
4. was going
5. mándanos, nos
6. comiéndose
7. nuestras, voces
8. before, attach
9. command

Excelerate SPANISH 2

Lesson Book

ANSWER KEY

Lección uno
Los animales en el zoológico

Comprensión, p. 1

1. al zoológico
2. que hayan animales
3. con su familia
4. más de dos horas
5. los niños
6. que los animales duermen
7. al presidente
8. una jirafa
9. su sombrero
10. responses will vary

Preguntas de comprensión, p. 2

1. al zoológico
2. Iliana y su familia
3. estaban emocionados
4. la mamá
5. la cámara
6. el padre
7. el padre/la madre (either is fine)
8. los niños
9. los niños
10. la mamá
11. trajiste tu billetera
12. tres
13. either response is fine
14. either response is fine

Lectura, p. 3

1. sí
2. sí
3. no
4. no
5. no
6. no
7. sí
8. no
9. sí
10. sí
11. sí
12. no

Lección dos
Un robo

Preguntas de comprensión, p. 4

1. al banco
2. para hacer un depósito
3. a un empleado
4. el empleado
5. en voz alta
6. nada

7. gritó
8. escribió
9. un ladrón
10. lo destruyó
11. estará trabajando
12. el depósito

Preguntas de comprensión, p. 5

1. un ladrón
2. al banco
3. para cubrirse la cara
4. fue al banco
5. al empleado
6. escribió un mensaje
7. al policía

8. frustrado
9. diez mil dólares
10. se rió
11. no estaba en el banco
12. un payaso
13. either response is fine
14. answers will vary

Lectura, p. 6

1. no
2. sí
3. no
4. no
5. no
6. no
7. sí

8. no
9. no
10. no
11. no
12. sí
13. no
14. sí

Lección tres
Saliendo en una tempestad

Preguntas de comprensión, p. 7

1. al aeropuerto
2. un viaje
3. a España
4. estaciono
5. del maletero
6. la ropa
7. dos
8. el cierro
9. 4 calzoncillos
10. cuatro
11. answers will vary

Preguntas de comprensión, p. 8

1. un ladrón
2. rápidamente
3. en una cubierta de aparcamiento
4. dinero
5. había robado
6. un espacio
7. una bandana
8. la boto
9. en el cubo de basura
10. no pudo
11. después de dejarla caer
12. más de cinco

Lectura
Sí o No, p. 9

1. no
2. no
3. sí
4. sí
5. no
6. sí

7. no
8. no
9. sí
10. sí
11. no
12. no

Lección cuatro
En el cine con un amigo

Preguntas de comprensión, p. 10

1. una película
2. en el cine
3. a Yolanda
4. sí
5. separadamente (if talking about Yolanda); en taxi (if talking about Martín)
6. del cine OR en el edificio
7. un refresco y unas palomitas de maíz
8. tarde
9. lo apagó (lo sacó)
10. al teatro equivocado

Preguntas de comprensión, p. 12

1. Martín y Yolanda
2. No puede encontrar a Martín.
3. su celular, para llamarle a su amigo (Complete sentence: Yolanda sacó su celular para llamarle a Martín).
4. "No se puede hablar por teléfono durante la película."
5. en el pasillo, donde servían palomitas de maíz, en el baño, y en los otros teatros
6. cuatro
7. en el ultimo teatro
8. le interesaba la película

Lectura, page 14

1. su programa favorite
2. un anuncio
3. le había gustado la primera película en la serie; OR la primera película había sido interesante, etc.
4. era aficionada al cine; OR tenía un interés y podía ir a esa hora, etc.
5. a las siete
6. hasta las seis
7. el Cine Colombia en la Avenida Chile
8. una
9. bien
10. era gigante/muy grande
11. un empleado
12. mucha gente
13. al frente
14. le gustó la película (or similar)
15. answers will vary

Lección cinco
Demasiados paquetes

Comprensión, p. 15

1. Fue a la oficina de correos.
2. Llevaba cuatro paquetes.
3. Era un montón.
4. Eran grandes.
5. Llevaba los paquetes.
6. Necesitaba abrir la puerta.
7. Pensó esperar.
8. Esperó seis minutos.
9. Vio al señor.
10. Quería ayuda.
11. Los comió.
12. That depends on how you look at it.

Preguntas de comprensión, p. 16

1. en la oficina de correos
2. Fue para enviar algo.
3. mucho
4. al mostrador
5. comenzó a llorar
6. el señor Gutiérrez
7. que las mujeres en la África llevan sus cosas en la cabeza.
8. en la cabeza de Tere
9. ya no tenía un problema
10. el señor Gutiérrez
11. answers will vary

Lectura, p. 17

1. en la oficina de correos
2. para enviar algo
3. mucho
4. al mostrador
5. comenzó a llorar
6. el señor Gutiérrez
7. que las mujeres en la África llevan sus cosas en la cabeza.
8. en la cabeza de Tere
9. el señor Gutiérrez
10. el señor Gutiérrez
11. answers will var

Lección seis
La corrida de toros

Preguntas de comprensión, p. 19

1. su cartel
2. Eduardo Montenegro
3. con Cardozo
4. Eduardo
5. Decidió buscarlo (o decidió ir a buscarlo)
6. fue a la casa de Cardozo
7. en su coche
8. en la plaza de toros
9. un boleto
10. Cardozo
11. le gustó
12. durante un momento intenso de concentración y silencio absolute
13. Cardozo perdió su concentración y se distrajo
14. tiraron frutas y legumbres y abuchearon

Preguntas de comprensión, p. 20

1. de la plaza de toros
2. Quería ver a Javier Cardozo.
3. a Javier Cardozo/al torero
4. Llamó su nombre.
5. Corrió/comenzó a correr.
6. el presidente del festejo
7. pensó que querían experimentar un tipo nuevo de encierro
8. Dejó salir a varios toros.
9. Corrieron.
10. I would hope that the students would run, so a good answer might be: Sí, yo correría por mi vida también.

Lectura, p. 21

1. Eduardo Montenegro
2. algún consuelo
3. en privado OR- pronto, desesperadamente, etc.
4. quería/deseaba redimirse
5. en voz alta
6. en el fracaso que había experimentado, en los gritos de los aficionados que abuchearon, etc.
7. Quería estar solo.
8. el presidente, con una pícara expression
9. Persiguieron al torero y a Eduardo (a los hombres)
10. answers will vary

Lección siete
La observación de aves

Preguntas de comprensión, p. 22

1. al parque
2. sus binoculares y su guía de la naturaleza
3. algunos de los pájaros de su libro
4. Quería identificarlos y añadirlos a su lista.
5. en el cielo, en la hierba, y en los árboles
6. cansado/tenía sueño
7. un pájaro
8. sobre su cabeza
9. hacia arriba
10. hizo pupú
11. answers will vary

Preguntas de comprensión, p. 23

1. Matías
2. a Navarra/España/Pamplona
3. una guia de aves, unos binoculares, y una cámara
4. el bigotudo/un pequeño pájaro
5. por dos semanas
6. en un letrero/en el letrero de la Calle Estafeta
7. un toro
8. su cámara
9. se tiró en un bote de basura
10. mal
11. answers will vary

Lectura, p. 25

1. Matías era un miembro de un club… (OR Matías era un hombre, etc).
2. Quería encontrar un bigotudo.
3. Matías no tenía muchas dudas, OR Matías sentía mucha determinación, se sentía determinado, etc.
4. Ya había pasado dos semanas en España.
5. Caminaba por las calles de Pamplona mirando el cielo, los árboles, y los arbustos.
6. Llevaba (tenía) su cámara y su guía de aves.
7. Cruzó la Calle Estafeta y vio el bigotudo sentado en el letrero.
8. Un toro dobló la esquina y corrió hacia él.
9. Se tiró en un basurero grande.
10. Lloró por más de 5 días.

Lección ocho
La carnicería

Preguntas de comprensión, p. 26

1. a la carnicería
2. para comprar pollo
3. iba a cocinar
4. le vendieron (habían vendido) puerco
5. decidió devolverla/ la llevó al carro
6. No tenía las llaves.
7. en el capó
8. Un perro vino y se llevó el puerco y se lo comió.
9. el perro
10. José
11. answers will vary

Sí o No, p. 27

1. a la carnicería
2. su mamá necesitaba carne
3. no le gustaba César
4. el novio de su hermana
5. Olían/olieron la carne.
6. los calcetines
7. Saltó a una mesa.
8. Se fueron y los escondieron.
9. (The answer will probably be no, but you never know with some people).
10. Answers will vary, but the best answer is "Necesita disciplina," or perhaps "Necesita un trabajo."

Lectura, p. 28

1. Le gustaba observar, (hablar, jugar, distraer), etc.
2. Hablaba, jugaba, y le distraía al carnicero.
3. Su mamá le envió porque quería/necesitaba carne…
4. No, no le molestó.
5. Buscó una prenda de vestir de César (unos calcetines, etc).
6. Los mezcló con la carne (las puso en la carne, etc).
7. Los encontró en una silla en la sala.
8. Los perros lo atacaron.

Lección nueve
Una lección de piano

Preguntas de comprensión, p. 29

1. al estudio de música
2. para su lección de piano
3. sus libros de piano
4. su profesor de música
5. tres veces, cinco veces
6. cansado
7. irse/salir
8. "Estoy enfermo. No hay lección de piano hoy."
9. Estaba justo donde había puesto sus libros. (OR Estaba debajo de sus libros).
10. Lloró por más de 12 horas (OR Lloró por 12 horas, 14 minutos, y 13 segundos).

Preguntas de comprensión, p. 30

1. a la casa de unos amigos
2. le invitó a tomar la cena, le habían invitado, para tomar la cena, etc.
3. que tocara el piano
4. Querían piezas diferentes. (OR No querían escuchar una pieza romántica, etc).
5. una papa
6. un tomate
7. se escondió
8. porque todos estaban distraídos
9. answers will vary

Lectura, p. 31

1. un estudiante de música/un músico
2. en Cádiz
3. en el Conservatorio Superior
4. en Barcelona
5. dos
6. 19 años
7. Dirigió la Real Orquesta Filarmónica.
8. una gran ovación
9. Porque su trabajo valía la pena.
10. I hope every student will say yes. If not, we have bigger things to discuss than foreign language! ;)

Lección diez
Garfield, el panecillo, y la panadería

Preguntas de comprensión, p. 32

1. Garfield
2. en las calles del centro de la Ciudad de México; caminaba
3. Había mucho que ver, mucho que oír, mucho que oler…
4. un aroma increíble
5. le gustó mucho
6. el aire
7. Los lamió con anticipación.
8. la panadería
9. furtivamente
10. un panecillo dulce
11. Alguien lo arrojó de la tienda.
12. Answers will vary.

Preguntas de comprensión, p. 33

1. Era muy tarde por la noche.
2. Limpiaron la tienda.
3. cucarachas
4. se escondían, esperaban, etc.
5. que no había nadie
6. de sus escondites
7. por todas partes
8. migajas de pan y panecillos dulces
9. Las llevaron a sus familias (las comieron).
10. bailaron y se rieron y comieron, etc.
11. Answers will vary.
12. Answers will vary, but hopefully, NO.
13. Answers will vary. (Gritaría, correría, etc).
14. Sadly, hard as I try, most will say "NO."
15. Also sadly, most will say "NO."

Lectura, p. 34

1. por las calles de una ciudad maravillosa
2. mucho
3. mucho
4. a mucha gente
5. increíble
6. incomparable/sin comparación
7. una fiesta, mis seres queridos, etc.
8. por siempre
9. no
10. con anticipación
11. la Fuente de todas las bendiciones
12. caminaré, hablaré
13. nadie
14. sí

Lección once
Un pimiento habanero

Preguntas de comprensión, p. 35

1. un pimiento
2. picante
3. le quemó la boca (labios, lengua, etc).
4. intenso
5. Answers will vary.
6. Tomó 3.7 litros de agua

7. Comió 9.6 pedazos de hielo
8. a la calle, OR a una lechería
9. leche y yogur
10. porque vio la cuenta (era alta).
11. Answers will vary.
12. Answers will vary.
13. Answers will vary.

Preguntas de comprensión, p. 36

1. en una lechería
2. a un cliente
3. tomaba leche
4. la bebía en medio de la tienda
5. no le hizo caso
6. comió yogur también
7. la cuenta
8. se desmayó
9. a la calle, ayuda/un médico
10. Garfield
11. tomó leche
12. tomó mucha/demasiada leche
13. le dolía el estómago OR estaba satisfecho
14. Answers will vary.

Lectura, p. 37

1. loco, desesperado, etc.
2. el yogur
3. las dejaba caer
4. a la caja
5. el señor/el cliente
6. cortésmente

7. la cuenta
8. subrepticiamente
9. inconsciente
10. Garfield pasó por encima del hombre
11. Answers will vary.
12. Answers will vary.

Lección doce
El viaje peligroso

Preguntas de comprensión, p. 38

1. Cristián
2. un viaje, quería aprender…
3. trataron de disuadirlo
4. de un evangelista
5. difícil
6. tenía miedo/estaba cansado

7. su propósito
8. justo lo que necesitaba
9. a su destino, su recompensa
10. Answers will vary
11. sí
12. Answers will vary

Preguntas de comprensión, p. 39

1. ayudar a la gente
2. disuadirlo
3. la verdad
4. el camino
5. a Cristián
6. información/justo lo que necesitaba
7. otro señor, malos consejos
8. los consejos malos
9. problemas
10. El evangelista le mostró otra vez el camino.
11. su recompensa

Lectura
Preguntas de comprensión, p. 40

1. un escritor y predicador inglés
2. El progreso del peregrino
3. Es muy famosa/ se ha traducido a más de 200 idiomas
4. en 1678
5. otros libros, himnos, y sermones
6. que no era religioso durante su juventud; era travieso, etc.
7. libros
8. Los libros/ideas le influyeron mucho.
9. x
10. por predicar sin permiso
11. predicar
12. Ha tenido mucha influencia, etc. (Answers will vary).

Lección trece
En la granja

Preguntas de comprensión, p. 41

1. Es granjero.
2. temprano
3. pagar a alguien
4. a las nueve/temprano
5. a las cuatro y media
6. les alimenta y les da agua, etc.
7. gallinas, vacas, caballos, cabras
8. comerá su desayuno
9. delicioso/chorizo con huevos

Preguntas de comprensión, p. 42

1. en el campo
2. un establo/una granja
3. una vaca
4. tenía sed
5. tomar leche
6. debajo de la vaca
7. le pidió, le rogó, le gritó, la tocó
8. le miró/le pateó

Lectura
Preguntas de comprensión, p. 43

1. en la ciudad
2. a su amiga, en la granja
3. sus hijos y sus perros/perritos
4. Se alarmaron, trataron de matar a los perros, etc.
5. Lucía
6. que los perritos Chihuahua y los caballos no se deben relacionar nunca.

Lección catorce
¿Una receta nueva?

Preguntas de comprensión, p. 44

1. a la biblioteca
2. aprender algo nuevo
3. una receta
4. determinado
5. muchos
6. no sacó ninguno
7. qué hare
8. tiene hambre
9. a casa
10. a la cocina
11. huevos
12. verdes
13. Answers will vary.
14. Answers will vary but will probably be "sí" or "no."
15. Answers will vary but should be "sí" or "no."

Preguntas de comprensión, p. 45

1. al mercado
2. gusanos
3. en Carlos
4. que era la casa de Carlos
5. era de Samuel
6. no
7. sí
8. Mezcló los gusanos con los huevos.
9. Se lamió los labios y se los comió.
10. Answers will vary. (Be afraid. Be very afraid).

Preguntas de comprensión, p. 47

1. cuatro (4)
2. aceite de oliva
3. 20 minutos
4. dos (2)
5. chorizo
6. fuego mediano
7. en la sartén
8. hasta que cuajen
9. depende/a gusto
10. una guindilla
11. gusanos
12. Answers will vary.

Lección quince
De vacaciones en la playa

Comprensión, p. 48

1. a la playa
2. por mucho tiempo
3. un premio
4. nada
5. las maletas
6. sí
7. su silla de playa, su toalla, su loción bronceadora, y sus gafas de sol
8. a la arena
9. se puso la loción
10. no
11. porque le ardía
12. pasta dentífrica
13. en voz alta
14. Answers will vary.

Preguntas de comprensión, p. 49

1. en la playa
2. tomaba el sol
3. los gritos de Carlos
4. "¡Me arde! ¡Me arde!"
5. una botella de agua
6. derramó toda el agua en Carlos
7. Se quedó mudo/no dijo nada
8. sí
9. enojado/se enojó
10. Answers will vary.

Lectura
Preguntas de comprensión, p. 50

1. Porque se encontró con Paco Loco por segunda vez (or similar)
2. sí
3. en el lago
4. pescar/ir de pesca
5. gusanos
6. peces/una gran pesca
7. sí/no/los comió
8. Paco Loco aparece.
9. que se largue, que nunca vuelva, etc.
10. la sonrisa de Paco Loco
11. estrechar la mano, perdonarle, etc.
12. Answers will vary.

Lección dieciséis
En el estudio de fotografía

Preguntas de comprensión, p. 51

1. al estudio de fotografía
2. era un gruñon, era antipático, etc.
3. que sonriera
4. le mostró fotos
5. era un gruñon, era antipático, etc.
6. Barcelona
7. una playa/turistas
8. un tiburón
9. porque no le gustan los turistas, etc.
10. no (probably not, anyway)

Preguntas de comprensión, p. 52

1. salió
2. tomar el metro/el tren
3. no
4. no
5. a turistas
6. hablaban, sonreían, y parecían divertirse
7. una expresión amable
8. los turistas/algunos de ellos
9. sí
10. de su actitud
11. Answers will vary.
12. Answers will vary, but hopefully, YES.

Lectura
Preguntas de comprensión, p. 53

1. Hacía buen tiempo/hacía sol, etc.
2. en la playa de Barcelona
3. Algunos leían, otros dormitaban, y otros hablaban o jugaban, etc.
4. La familia hacía un picnic.
5. Uno de sus hijos tenía una actitud mala.
6. travieso
7. gritó "tiburón"
8. Mucha gente corrió del agua.
9. Le dijo que debería estar avergonzado; la familia se fue de la playa, etc.
10. La familia entera se fue de la playa.
11. un tiburón grande
12. Hopefully, NO. (If yes, another discussion ensues) ☺
13. Hopefully, YES. (If not, pack up the books and go!)
14. Hopefully, NO, but unfortunately, maybe?
15. Probably, YES, but you just never know.
16. muchos/varias filas
17. afilados
18. Answers will vary.

Lección diecisiete
En el café

Preguntas de comprensión, p. 54

1. al café
2. a su amigo/a Carlos
3. a un miembro del grupo Los Ombligos…
4. la banda
5. hablarle
6. una idea espléndida
7. servirle café
8. Answers will vary, but probably, YES.
9. Answers will vary.
10. Answers will vary.
11. Answers will vary.
12. Answers will vary (sorry).

Preguntas de comprensión, p. 55

1. café
2. el señor/el miembro de la banda
3. contento
4. mucho tiempo
5. Pepito
6. todo lo que decía el bajista
7. escuchar la banda
8. el tiempo que había ocupado hablando y haciendo preguntas
9. el bajista
10. el bajista
11. Answers will vary. I just hope it's not too excessive a thing. ;)
12. Answers will vary.

Lectura, p. 56

1. reunirse con su amigo Pepito
2. a Paco Loco
3. no
4. Paco Loco
5. no (I hope this is the answer for everybody!)
6. sí
7. Carlos
8. sí, porque se puso pasta dentífrica
9. que pudo hablar con Paco Loco sin animosidad
10. una hora
11. resolvieron las diferencias que tenían
12. Answers will vary.
13. Answers will vary.
14. Answers will vary. Hopefully, YES.
15. Answers will vary.
16. Answers will vary, but hopefully, YES.

Lección dieciocho
El estudio de grabación

Preguntas de comprensión, p. 57

1. Habló.
2. Volcó una taza de café.
3. Estaba casi vacía.
4. Pepito
5. Creía que arruinó la visita.
6. al estudio de grabación

7. en el autobús de la banda
8. escuchó
9. cantaron/grabaron/tocaron, etc.
10. estupendo
11. de Carlos
12. Answers will vary.

Preguntas de comprensión, p. 58

1. del estudio de grabación
2. cantaba
3. eran las doce y media
4. tenía sueño
5. un ladrón
6. no había trabajado por meses/tenía hambre
7. "¡Dame tu billetera!"
8. "Este hombre tendrá hambre"
9. una tarjeta de crédito
10. una comida
11. sí
12. bondad

Lectura
Preguntas de comprensión, p. 59-60

1. Don Quijote de la Mancha
2. Miguel de Cervantes Saavedra
3. consejos
4. ser compasivo
5. el juez riguroso
6. la misericordia
7. la misericordia
8. Pepito le mostró bondad al ladrón.
9. Carlos perdonó a Paco Loco.

Lección diecinueve
La locura de Don Quijote

Preguntas de comprensión, p. 62

1. de un lugar de la Mancha
2. unos 50 años
3. alto y flaco
4. libros de caballeria
5. vendió muchas tierras
6. Leía más que comía y más que dormía.
7. Se le secó el cerebro.
8. Answers will vary.

Preguntas de comprensión, p. 63-64

1. hacerse caballero andante
2. no; tenía que limpiarlas
3. Answers will vary. Sample: "Me gusta/no me gusta."
4. Quería hacer batallas para ella, servirla, defenderla, etc.
5. Answers will vary. Sample: "Me gusta/no me gusta; es bonito/feo," etc.
6. un vecino de Don Quijote
7. Le faltaba la inteligencia y el buen juicio; le creyó a Don Quijote, etc.
8. molinos de viento
9. creyó que eran gigantes
10. Don Quijote sufrió grandes heridas.

Lectura
Preguntas de comprensión, p. 65

1. en septiembre de 1547 en España.
2. Se ha traducido a más de 60 idiomas.
3. aventuras, experiencias interesantes, etc.
4. Vivió preso con los musulmanes por 5 años; sus aventuras y experiencias le influyeron mucho
5. El contraste entre el realism y el idealismo, la condición humana, etc.
6. El análisis de la condición humana distingue su novela.
7. no
8. Answers will vary, but most students will say YES.

Lección veinte
La Celestina

Preguntas de comprensión, p. 66

1. a una linda señorita/ a Melibea
2. linda
3. Calisto
4. no se sentía bien
5. le dolía el estómago/el pecho
6. Creía que iba a morirse.
7. con sus amigos y sirvientes
8. que le ayudaran
9. dinero
10. impaciente
11. Answers will vary.

Preguntas de comprensión, p. 67

1. que Melibea no le correspondiera a Calisto
2. Podía hacerse rico.
3. con Celestina/con una vieja bruja
4. vieja
5. no
6. a la casa de Calisto
7. interesada, enamorada, etc.
8. a la medianoche
9. Celestina y Sempronio
10. Sempronio quería parte del oro, y Celestina no quería dárselo. (or similar)
11. Sempronio la mató y un policía le arrestó.
12. Se cayó de una pared y se murió.
13. Se tiró del tejado y se murió.
14. Answers will vary (probably Romeo and Juliet though).

Lectura
Preguntas de comprensión, p. 68

1. Fernando de Rojas
2. de España
3. el Renacimiento
4. la imprenta fue inventado
5. es una novella dramática
6. sobre dos amantes desgraciados.

7. el idealism y el realism y el cinismo
8. sí, y se ha traducido a varios idiomas
9. en la biblioteca o en el internet
10. Answers will vary. I hope students will want to read it!
11. Answers will vary. I hope that students will give this lots of thought. Sample answers: Me identifico con __ porque __ OR No me identifico con ninguno de los personajes porque __.
12. Sí, preferiría otro fin OR No, no preferiría otro fin.

Lección veintiuno
El Conde Lucanor

Preguntas de comprensión, p. 69

1. Patronio
2. al Conde Lucanor
3. sabiduría
4. tomar decisiones importantes
5. peligrosa
6. la situación
7. atentamente
8. una historia con detalles similares
9. Era sobre 2 hombres ciegos.
10. bien; evitó un problema
11. Es un tesoro.
12. Answers will vary (hopefully a parent, grandparent, or other role model)
13. I hope every student will say yes! ☺

Preguntas de comprensión, p. 70

1. la vista
2. otro ciego
3. convencerle de la idea de ir juntos a otro pueblo
4. el camino era peligroso
5. acompañarle
6. el otro ciego
7. por ir juntos
8. porque el otro insistió mucho
9. cayeron
10. Era falsa.
11. el Conde Lucanor
12. I hope that every student will say YES, I can take advantage of this wisdom, too!

Lectura
Preguntas de comprensión, p. 72

1. El Conde Lucanor hablaba con Patronio.
2. buena; el Conde Lucanor confía en él y está seguro de su amor.
3. Dice que él perdería la vida antes que consenter el daño de Patronio.
4. limosnas
5. pozos, barrancos, y difíciles puertos de montaña
6. Le sería de muy poca utilidad la muerte de su pariente al Conde Lucanor.
7. Pensó que el consejo de Patronio era bueno.
8. Never put yourself where you run a risk (danger) even if a true friend should accompany you.

Lección veintidós
El Cid

Preguntas de comprensión, p. 73

1. Rodrigo Díaz de Vivar, un sirviente muy leal del rey
2. al Rey Alfonso
3. leal
4. el Rey Alfonso
5. tuvo que salir en exilio/porque su enemigo le acusó ante el rey
6. Answers will vary; some students will know where Castilla is while others will not
7. en un monasterio
8. le dolía la separación; mal
9. Fue a Castejón
10. una gran parte del botín; tesoro
11. bien
12. Hopefully students will want to learn more!

Preguntas de comprensión, p. 74

1. Luchó contra los moros/los derrotó
2. le honró; le mandó cien caballos
3. el Alcázar, toda la ciudad de Valencia, el mar, la huerta, etc.
4. levantaron las manos y le dieron gracias a Dios
5. vino de África con 50,000 hombres de armas; vino con naves, tiendas, y tambores; atacó
6. El Cid luchó contra ellos y los derrotó, volvió victorioso
7. Recibió perdón, respeto, y afecto.

Lectura
Preguntas de comprensión, p. 75

1. Se destaca como el poema épico más antiguo y bien preservado entre la literatura española.
2. Rodrigo Díaz de Vivar (El Cid)
3. 1043-1099
4. Los árabes le dieron el título.
5. Era valiente, fiel, humilde, e inteligente.
6. sí
7. No sabemos quíen escribió la obra, pero sabemos que sabía mucho sobre la ley.
8. el realismo
9. I hope that students would be interested in reading more! ☺ ("Yes!")

Lección veintitrés
Lazarillo de Tormes

Preguntas de comprensión, p. 76

1. un ciego
2. antipático
3. le maltrataba
4. la escondía y la vigilaba
5. muy poco
6. la reservaba para sí mismo
7. le golpeaba, le engañaba, se reía de él
8. Era una actitud necia
9. sí
10. "He who sows winds, reaps storms."

Preguntas de comprensión, p. 77

1. a un pueblo
2. pedir limosnas
3. unas uvas
4. una por una
5. de dos en dos
6. Las comió de tres en tres.
7. el ciego
8. Lazarillo
9. Si engañas a los otros, debes saber que los otros te engañarán a ti también. (Or similar. In English: "Raise crows, and they will peck out your eyes.")

Lectura, p. 78

1. al pueblo de Almoroz
2. cosechaba las uvas
3. Quería engañarle a Lazarillo; dijo que quería tratarle generosamente a Lazarillo, etc.
4. comerlas una por una; compartir las uvas
5. tres
6. "¡tú me engañaste!"
7. no
8. porque Lazarillo no dijo nada (no se quejó)

Lectura, p. 79

1. una novella picaresca
2. no sabemos; es anónimo
3. en 1554
4. desde el punto de vista de Lazarillo
5. Lazarillo de Tormes
6. los vicios y la hipocrecía de la sociedad
7. la iglesia católica
8. porque criticaba la iglesia, etc.
9. el realismo, la estructura literaria
10. Answers will vary. Sample: Muchas personas no dicen la verdad, etc.

Lección veinticuatro
La rana y el rey

Preguntas de comprensión, p. 80

1. una rana
2. feliz
3. Se comparó con los otros animales.
4. en lo que no tenía
5. a Don Júpiter
6. un rey enorme
7. le hizo callar
8. subió sobre el rey
9. otro rey
10. una cigueña mansillera
11. mal/ la cigueña se la comió
12. Answers will vary.
13. Answers will vary.
14. Answers will vary.
15. Estaría feliz; jugaría y cantaría en el lago.

Preguntas de comprensión, p. 81

1. feliz, buena, etc.
2. un rey
3. una viga de lagar
4. Vieron que no las iba a castigar.
5. una cigueña mansillera
6. era malo, cruel, etc.

    Ironía: tu, ellas

Preguntas personales, p. 82

1. Students should describe a time when they received what they asked for, but din't like the results as they had hoped.
2. menos gobierno
3. Answers will vary. Probably: Las ranas querían ser como los otros animales.
4. Answers will vary. Sample: El rey ideal es simpático/bueno, etc.
5. Answers will vary. Probably: Es más fácil adquirir un rey.

Comprensión, p. 84

1. Juan Ruíz
2. durante el siglo catorce (14)
3. Libro de buen amor
4. Combina elementos de escritores clásicos con comentarios directos e ingeniosos, el lirismo, y el sarcasm, etc.
5. La cultura musulmana dominaba España.
6. sí
7. por sus comentarios directos, el lirismo, el sarcasmo, sus versos satíricos, su creatividad, etc.
8. el Arcipreste de Talavera, Alfonso Martínez de Toledo
9. Hopefully, students will be interested in reading the original version, too!

Made in the USA
Columbia, SC
25 January 2021